Democracia e segredo

FUNDAÇÃO EDITORA DA UNESP

Presidente do Conselho Curador
Mário Sérgio Vasconcelos

Diretor-Presidente
Jézio Hernani Bomfim Gutierre

Superintendente Administrativo e Financeiro
William de Souza Agostinho

Conselho Editorial Acadêmico
Danilo Rothberg
João Luís Cardoso Tápias Ceccantini
Luiz Fernando Ayerbe
Marcelo Takeshi Yamashita
Maria Cristina Pereira Lima
Milton Terumitsu Sogabe
Newton La Scala Júnior
Pedro Angelo Pagni
Renata Junqueira de Souza
Rosa Maria Feiteiro Cavalari

Editores-Adjuntos
Anderson Nobara
Leandro Rodrigues

Norberto Bobbio

Democracia e segredo

Organização
Marco Revelli

Tradução
Marco Aurélio Nogueira

© 2011 Giulio Einaudi editore s.p.a., Torino
© 2015 Editora Unesp

Título original: *Democrazia e segreto*

Direitos de publicação reservados à:

Fundação Editora da Unesp (FEU)
Praça da Sé, 108
01001-900 – São Paulo – SP
Tel.: (0xx11) 3242-7171
Fax: (0xx11) 3242-7172
www.editoraunesp.com.br
www.livrariaunesp.com.br
feu@editora.unesp.br

CIP – Brasil. Catalogação na publicação
Sindicato Nacional dos Editores de Livros, RJ

B637d

Bobbio, Norberto, 1909-2004
    Democracia e segredo / Norberto Bobbio; organização Marco Revelli; tradução Marco Aurélio Nogueira. – 1.ed. – São Paulo: Editora Unesp, 2015.

   Tradução de: Democrazia e segreto: a cura di Marco Revelli
   ISBN 978-85-393-0608-4

   1. Ciência política. 2. Sociologia política. I. Revelli, Marco. II. Título.

15-26140   CDD: 320
                                            CDU: 32

Editora afiliada:

Asociación de Editoriales Universitarias
de América Latina y el Caribe

Associação Brasileira de
Editoras Universitárias

Sumário

Prefácio – Marco Revelli   7

O poder invisível   29

O poder invisível dentro do
    Estado e contra o Estado   37

Democracia e segredo   43

    1. O segredo é a essência do poder   43

    2. O desafio democrático   55

    3. Quem vencerá o desafio?   64

Segredo e mistérios:
    os poderes invisíveis   77

Prefácio

Marco Revelli

Norberto Bobbio começou a interpelar o tema do "poder invisível" relativamente cedo, em janeiro de 1970, num sofrido artigo intitulado "A violência de Estado",[1] em que escreveu:

> Há fatos inquietantes que não permitem que fiquemos acomodados na tranquila certeza de que a violência só existe do outro lado. [Do lado do protesto, das passeatas e das agitações estudantis]. O único modo de vencer a violência é reconhecê-la não quando está a gritar nas ruas, mas quando se oculta por trás da decorosa fachada das instituições que defendemos.

---

1 Norberto Bobbio, La violenza di Stato, *Resistenza*, XXIV, jan. 1970, n.1, p. 3.

Havia transcorrido menos de um mês desde o 12 de dezembro de 1969, data da chacina de Praça Fontana,* e entre os espessos vapores liberados pela manipulação midiática e pelo trabalho de despistamento depois amplamente documentado, se começava a vislumbrar, ameaçador, o perfil ainda embrionário daquela que mais tarde seria chamada de "estratégia de tensão", na qual se percebia a mão invisível de um obscuro fundo falso [*sottofondo*], trabalhando em silêncio. Era o entrelaçamento de "aparatos desviados" e de "poderes ocultos", de "corpos separados" e de funcionários desleais: tudo serviria de base para que se começasse a ver naquele crime originário – que, por vários motivos, foi um divisor de águas na história da República italiana – uma "chacina de Estado". Ao Bobbio teórico da política, tal fato sugerirá a ideia, naquele momento somente esboçada e quase "exorcizada", que ele

---

* Em 12 de dezembro de 1969, com a explosão de uma bomba no Banco Nacional de Agricultura localizado na Praça Fontana, em Milão, matando diversas pessoas, inicia-se um tenso e complicado período da história política italiana, marcado pelo terrorismo e pela ação escusa dos órgãos de repressão. Agindo na clandestinidade, o terror daqueles anos realiza alguns atentados brutais e sangrentos com o intuito de responsabilizar as esquerdas e de utilizar o medo dos cidadãos para dar vida a um governo autoritário. Até hoje não se sabe com exatidão quem comandou as chacinas de então, mas são muitas as suspeitas e os indícios de envolvimento de setores da vida política e do aparato repressivo do Estado italiano. (N. T.)

Prefácio

mesmo, alguns anos mais tarde, em um texto bem mais refinado – a introdução à edição italiana do clássico livro de Ernst Fraenkel –,[2] irá definir com a categoria de "duplo Estado". Chegará assim à compreensão de um duplo nível de poder: um "Estado normativo", por um lado ("Estado de direito", submetido ao império da lei), e um "Estado discricionário", por outro lado, livre para operar fora do princípio de legalidade, "com base em um mero juízo de oportunidade".

Na obra de Fraenkel, a natureza de *Doppelstaat* era atribuída, em particular, à Alemanha nacional-socialista, na qual, de fato, à sobrevivência do nível formalizado e racionalizado do Estado de direito (garantia da racionalidade econômica), se superpôs a prática, tornada sistemática, de um "Estado de exceção". Para Bobbio, porém, treinado pela longa vicissitude que se seguiu ao fim da Segunda Guerra e particularmente pela experiência italiana, qualquer forma de Estado, incluído o democrático, conserva traços de dualidade. Incluído também aquele que pode ser considerado, no segundo pós-guerra, o protótipo do Estado democrático, os Estados Unidos

---

2 Ernst Fraenkel, *Der Doppelstaat* (Frankfurt am Main: Europaeische Verlagsanstalt, 1974). Trad. It.: *Il doppio Stato. Contributo alla teoria della dittatura.* (Torino: Einaudi, 1974 – Introdução de Norberto Bobbio, p.IX-XXIV).

da América, onde, seguindo a trilha aberta pelo célebre texto de Alan Wolfe, *The Limits of Legitimacy* [Os limites da legitimidade],[3] era possível reconhecer um *dual State* – um duplo registro de governo "democrático e constitucional no interior e imperialista no exterior". A esta situação se podia aplicar ainda a afirmação contida em outro texto de referência crucial, do qual Bobbio extrairá a expressão "poder invisível", o livro de Wise e Ross, *The Invisible Government* [O governo invisível], em que se pode ler:

> Há dois governos nos Estados Unidos dos dias atuais. Um é visível. O outro é invisível. O primeiro é o governo sobre o qual os cidadãos leem nos jornais e que as crianças estudam nos textos escolares. O segundo é a sincronizada e oculta máquina que vem administrando a política dos Estados Unidos na Guerra Fria.[4]

Bobbio observará:

---

3 Alan Wolfe, *The Limits of Legitimacy. Political Contradictions of Contemporary Capitalism* (New York-London: Free Press/ MacMillan, 1977). Trad. It.: *I confini della legittimazione. Le contraddizioni politiche del capitalismo contemporaneo* (Bari: De Donato, 1981).

4 David Wise e Thomas B. Ross, *The Invisible Government* (New York: 1974, p.3). Citado por Norberto Bobbio na Introdução a Ernst Fraenkel, op. cit., p.XXII.

Prefácio

A diferença entre o duplo Estado de um governo autocrático e o duplo Estado de um governo democrático está no fato de que no primeiro o poder político puro [o "Estado discricionário"] é não somente manifesto mas também exaltado, ao passo que o segundo, quando existe (mas sempre existe), vive sob a forma de *poder oculto*.[5]

E será precisamente desse "poder oculto" aninhado no fundo falso do Estado democrático, que pouco a pouco foi se dilatando na Itália, crescendo a ponto de contaminar e condicionar em medida crescente as instituições legítimas – o nível "solar" do "Estado normativo" –, que Bobbio se ocupará de modo crescente, e com tons sempre mais alarmantes, nos decênios seguintes, como testemunha atenta de uma patologia prevalentemente italiana: uma doença mortal – e moral – da nossa democracia, corroída em profundidade, em seus órgãos vitais, por um "sistema" de práticas ilegais e frequentemente criminosas, de relações inconfessadas e inconfessáveis, de interferências e intrusões que, tal como um rio cársico repleto de cavernas e galerias erodidas pelas águas subterrâneas, periodicamente aflorará à superfície numa série clamorosa de escândalos, revelando

---

5 Norberto Bobbio, Introdução a Ernst Fraenkel, op. cit., p.XXIII (itálicos meus).

Democracia e segredo

o fundo obscuro que, passo após passo, deslegitimou e ameaçou a ordem republicana.

O primeiro texto de Bobbio sobre este tema aparecerá uma década depois daquele originário artigo sobre "A violência de Estado", no início dos anos 1980, quando explodiu o escândalo P2. Como se sabe, em 17 de março de 1981, os juízes Gherardo Colombo e Giuliano Turrone – que investigavam o sequestro do "banqueiro da máfia" Michele Sindona – ordenaram a perquirição da Vila Wanda, propriedade residencial do venerável mestre maçônico Licio Gelli, e da fábrica Giole em Castiglion Fibocchi, descobrindo a célebre lista dos inscritos na Loja clandestina denominada "Propaganda Dois": cerca de mil nomes, muitos dos quais de personalidades posicionadas em pontos nodais das instituições italianas, políticos, homens do serviço secreto, do exército, da magistratura, das finanças, do mundo econômico e jornalístico, todos secretamente empenhados em um projeto orgânico de desestabilização e de subversão da ordem constitucional. Bobbio escreveu então uma severa nota – incluída no presente volume – sobre "Os poderes invisíveis", destinada à revista *Nuova Antologia* (dirigida por Giovanni Spadolini),[6] mas que foi publicada

---

6 "I poteri invisibili", *Nuova Antologia*, 116, v.546, jul.-set. 1981, fasc. 2139, p.22-24.

Prefácio

antecipadamente, dada a precipitação dos acontecimentos, na primeira página do diário *La Stampa* de 24 de maio de 1981 (um dia depois da expedição de um mandato de captura de Licio Gelli),[7] com o significativo título "No labirinto do anti-Estado".[8] Tal texto seguia de perto – detalhando e contextualizando os princípios com base nos fatos que surgiam da crônica jornalística – um anterior e significativo artigo de Bobbio, publicado por sua vez como editorial em *La Stampa* (23/11/1980) e dedicado, também ele, a "O poder invisível", que pode ser encontrado na abertura do presente volume.[9] Estabelecia-se assim

---

7 A imputação dizia respeito à violação do art. 257 do Código Penal italiano em matéria de "espionagem política e militar". Em confirmação do fundamento das motivações do inquérito, o banqueiro Michele Sindona foi efetivamente incluído no elenco dos afiliados à Loja secreta.

8 "Nel labirinto dell'anti-Stato", *La Stampa*, domingo, 24 maio 1981, p.1. O texto também será reproduzido, com o título "O poder invisível dentro do Estado e contra o Estado", no jornal *Paese Sera* (terça-feira, 13 out. 1981, p.1 e 18), versão que se encontra no presente volume. Com respeito às versões reproduzidas na *Nuova Antologia* e em *Paese Sera*, a do editorial de *La Stampa* continha algumas linhas finais em alguma medida cautelares, dada a proximidade dos eventos: "Ninguém deseja" – acrescentava Bobbio – "que não sejam feitas as devidas distinções: que não se distingam os culpados dos inocentes, os malandros dos ingênuos, os que urdiram a trama dos que apenas caíram nela. Pessoalmente, tenho algumas dúvidas acerca da precipitação com que a relação de nomes foi publicada. Mas que seja claro: distinguir, não extinguir".

9 O artigo foi posteriormente publicado em: Norberto Bobbio, *Le ideologie e il potere in crisi* (Firenze: Le Monnier, 1981). [Ed. bras.: *As ideologias e o poder em crise*. Brasília: UnB, 1999].

Democracia e segredo

um nexo ideal de continuidade com sua intuição original, amadurecida imediatamente após a chacina de Praça Fontana ("infelizmente, depois da chacina da Praça Fontana a atmosfera de nossa vida pública foi intoxicada por suspeitas de conivência entre o poder invisível do Estado e o poder invisível do anti-Estado"). Sobretudo, porém, ali se antecipavam as linhas gerais da sucessiva reflexão bobbiana sobre o poder invisível e sobre seu intrínseco e "ontológico" (digamos assim) conflito com os fundamentos ideais da democracia ("a opacidade do poder é a negação da democracia"), na acepção que será plenamente desenvolvida no célebre volume *O futuro da democracia*.

Os dois seguintes escritos de Bobbio aqui reproduzidos estão centrados na dupla "segredo-mistério" e apareceram em uma breve distância de tempo um do outro, durante um novo e delicado momento de transição da democracia italiana, numa nova manifestação daquele florescimento cársico do "anti-Estado" – ou, se se preferir, da parte "corrupta" do Estado – na história nacional do país. O primeiro, "Democracia e segredo", é o texto de uma conferência proferida em março de 1988 em Sassari, no âmbito de um seminário de estudos jurídicos internacionalistas sobre "O tratado secreto". O segundo, "Segredo e mistério", foi publicado na

Prefácio

primeira página do diário *La Stampa* em 13 de novembro de 1990.

As datas são significativas. O ano de 1988 foi de graves "chacinas mafiosas" e de uma cadeia impressionante de escândalos de Estado: acabara de ser concluído o Processo de Palermo, no auditório-bunker do cárcere de Ucciardone, com a condenação à prisão perpétua de treze *bosses* mafiosos sem que se houvesse rasgado o véu das proteções e das conivências políticas, e poucos meses depois será assassinado, como auge de uma sangrenta série de execuções, o *boss* Giovanni Bontade, ligado a muitos "mistérios italianos". Somente dois anos antes a opinião pública havia sido impactada pela chacina de Fiumicino (com treze vítimas) e depois, sobretudo, pela de Ustica (81 mortes), jamais plenamente esclarecidas em seus componentes ocultos.

Os últimos meses de 1990, por outro lado, serão profundamente afetados pela explosão do caso Gladio,* trazido à luz pelo juiz

---

* O caso Gladio veio à luz em 1990, quando o chefe do governo italiano, Giulio Andreotti, revelou à Câmara dos Deputados a existência de uma operação promovida pela CIA e pela Organização do Tratado do Atlântico Norte (Otan) para constituir estruturas paramilitares secretas com o objetivo de impedir um eventual ataque das forças da União Soviética e do Pacto de Varsóvia aos países da Europa Ocidental, além de combater o comunismo com formas de guerra psicológica, terrorismo e sabotagem. (N. T.)

veneziano Felice Casson e fadado a comprometer diretamente a mais alta instância do Estado, o presidente Francesco Cossiga, que o levou a desencadear os célebres "golpes de picareta" [*picconate*]* e chegou a esboçar a abertura de uma grave crise institucional.

Os temas do "segredo" e do "mistério" estavam, portanto, por assim dizer, na "ordem do dia" dos desdobramentos daquela que, hoje, com o benefício de um conhecimento adquirido *a posteriori*, sabemos ter sido a fase conclusiva da assim chamada Primeira República italiana [1946-1992]. Eles se ligavam estreitamente, por outro lado – nem seria preciso recordar isso –, com a reflexão que Bobbio fazia, precisamente naqueles anos (a parte central dos anos 1980, na qual amadureceu a implosão da Primeira República e se consumou uma espécie de mutação genética do sistema político italiano), sobre o tema da democracia, que ele analisaria – depois de abandonar, com desencanto, as exigentes

---

* Francesco Cossiga (1928-2010) presidiu a Itália de 1985 a 1992. Com a emergência calamitosa do caso Gladio, a queda do Muro de Berlim e o fim da Guerra Fria, passará a dizer que o sistema político italiano precisava ser alterado a "golpes de picareta" (*picconate*). Adotou então uma linha de conduta marcada por afirmações e declarações explosivas, combinadas com a revelação de fatos históricos e fortes críticas aos partidos e políticos italianos. O estilo fez que, nos últimos dois anos de mandato, Cossiga fosse chamado de *"picconatore"*. (N. T.)

Prefácio

expectativas dos primeiros anos do pós-guerra – em sua dimensão "mínima", como "democracia procedimental", definida formalmente por suas específicas "regras do jogo".

A questão do "poder invisível" e da sua incompatibilidade com toda e qualquer concepção de democracia, mesmo a menos exigente, mesmo a "mínima", voltou a aparecer – enriquecida e sistematizada, após os esboços documentados nos dois primeiros textos da presente coletânea – no ensaio homônimo que abre *O futuro da democracia*, publicado em 1984,[10] como uma das seis "promessas não cumpridas" do regime democrático (precedida da tendência à fragmentação, da "revanche dos interesses", da "persistência das oligarquias", da limitação dos âmbitos de aplicação dos princípios democráticos, e seguida pela tenaz sobrevivência do "cidadão não educado"). Promessa não cumprida e, talvez, impossível de ser cumprida.

No mesmo volume estava incluído um ensaio, escrito em 1980 e dedicado à "A democracia e o poder invisível",[11] no qual era formulada

---

10 Norberto Bobbio. *Il futuro della democrazia. Una difesa delle regole del gioco* (Torino: Einaudi, 1984). [Trad. bras.: *O futuro da democracia*. 7.ed. Rio de Janeiro: Paz e Terra, 2009.]

11 Id., "La democrazia e il potere invisibile", *Rivista italiana di scienza politica*, X, 1980, p.181-203. Republicado em: *Il futuro della democrazia*, op. cit., p.75-100 [trad. bras.: p.97-120].

com clareza a célebre definição do "governo da democracia como governo do poder público em público",[12] na qual o termo "público" é assumido em ambas acepções: como esfera que se contrapõe à "esfera privada" – ou seja, âmbito no qual é tratada a "coisa pública" – e como ação necessariamente "manifesta", "evidente", contraposta à "oculta", "invisível" e, portanto, "secreta". Em todo caso, ambas as acepções frontalmente contrapostas à própria *natureza* da democracia como "regime do poder visível": necessariamente visível, em primeiro lugar, para poder ser controlado por seus titulares primários, os cidadãos, sem qualquer exclusão, o "povo soberano" ("como poderia ser controlado se se mantivesse escondido?"). E, depois, porque não haveria respeito ao princípio da representação – que é a essência da democracia moderna – sem a plena publicidade dos atos dos representantes (e, portanto, sem sua completa *visibilidade* perante os representados).

É por trás do véu da invisibilidade – dizia então Bobbio – que amadurecem e se difundem os grandes e pequenos vícios que minam pela raiz os sistemas democráticos: as ameaças mortais, como são os comportamentos "desviantes" dos

---

12 Ibid., p.76 [trad. bras.: p.98].

Prefácio

serviços de segurança, as tramas ocultas dos "corpos separados" do Estado, a desestabilização das instituições por parte de seus próprios "servidores"..., assim como aquelas aparentemente mais corriqueiras, mas igualmente insidiosas, como "a corrupção pública, o peculato, a malversação, a concussão, o interesse privado em atos oficiais",[13] que corroem lenta mas inexoravelmente a confiança dos cidadãos.

E é ali, naquela zona de sombra que se subtrai do olhar público (*do* público), que se pode gerar a mais insidiosa das patologias democráticas, *o escândalo*, forma exemplar da desconexão entre as promessas que uma democracia não pode deixar de fazer e sua incapacidade de cumpri-las: um verdadeiro trauma coletivo – "uma profunda perturbação da opinião pública", definia Bobbio – produzido no momento em que é tornado público aquilo que o titular do poder teve de fazer sob a cobertura do segredo porque teria sido completamente inaceitável caso o fizesse à luz do dia. Um mal tipicamente democrático, porque é em uma democracia, e somente nela, que o poder – seu titular – está obrigado a dar transparência a seus atos e, ao mesmo tempo, a aceitar que a eventual transgressão desta obrigação seja

---

13 Ibid., p.84 [trad. bras.: p.105].

tornada de domínio público: "somente o tirano platônico" – anotava Bobbio naquele ensaio – "pode executar em público aqueles atos imundos que o cidadão privado ou executa escondido ou, reprimindo-os, os executa apenas em sonho"; e somente o tirano, de outra parte, pode subtrair--se ao "critério da publicidade para distinguir o justo do injusto, o lícito do ilícito", já que somente na tirania "público e privado coincidem, na medida em que os negócios do Estado são seus negócios pessoais e vice-versa".

Bobbio, naturalmente, como bom "realista" – e saudável "pessimista" – conhecia muito bem a distância que separa de maneira inevitável "os ideais e a matéria bruta", as ideias reguladoras e a prática cotidiana, os Valores que orientam os grandes projetos políticos e as Ações humanas que devem traduzi-los em realidade. E sabia, há tempo, que a transparência absoluta é um princípio-limite, cuja aplicação integral é impossível de ser realizada em qualquer democracia, mesmo nas mais estáveis e seguras. Uma margem de opacidade no exercício do poder – reiterava – permanecerá sempre, pela própria natureza do poder: por seu envolvimento com aquelas "potências diabólicas" que Weber já havia identificado e que se manifestarão sobretudo no campo da política externa, quando a *salus rei publicae* [o bem-estar

Prefácio

da República] pode ser convictamente invocada como *suprema lex* [lei suprema]. Deste modo, a necessidade de proteger de um mal extremo a própria comunidade nacional – aquele mesmo povo a que se deve a visibilidade absoluta dos atos do poder – termina por justificar a suspensão dos princípios fundamentais e por se impor despoticamente até mesmo na democracia mais madura.

Por isto, Bobbio reconhecia que, embora a publicidade dos atos fosse a regra *na democracia*, algum tipo de exceção existe *em qualquer democracia* (ao passo que nos regimes autocráticos "o segredo de Estado é uma regra" – escrevia –, na democracia é "uma exceção regulada por leis que não permitem indevidas exceções"[14]). E, naquele contexto, não fazia disso um drama: a violação das leis gerais, de todas as leis gerais, é uma constante na experiência humana. E sempre vale o princípio segundo o qual a exceção confirma a regra.

Bobbio se preocupava bem mais com outra tendência, típica da modernidade – implícita em seu próprio "estatuto" – e presente em todas as democracias contemporâneas, qual seja, a disseminada e ameaçadora proliferação das instâncias tecnocráticas: a multiplicação dos campos da

---

14 Ibid., p.94 [trad. bras.: p.115].

experiência humana caracterizados por saberes técnicos tão complexos e "exclusivos" que criariam, por si próprios – *naturaliter*, poder-se-ia dizer –, um diafragma entre o lugar (e o sujeito ou os sujeitos) de tomada da decisão e o público a que ela se destina e que dela deveria ser o controlador. Tornam-se assim intrinsecamente misteriosas algumas áreas problemáticas e certas práticas relevantes para a vida pública, mesmo sem que haja uma deliberada vontade de segredo, simplesmente pelo "contraste irreparável que separa o especialista do ignorante, o competente do incompetente, o laboratório do cientista ou do técnico da praça pública".[15] Isto faz que o tecnocrata – enquanto "depositário de conhecimentos que inacessíveis para a massa"[16] – se converta num moderno e involuntário déspota, reconfigurando assim a questão do poder invisível: mais que uma "promessa não cumprida" da democracia, ele se mostra um verdadeiro e próprio "paradoxo" dela.

O que vale para a democracia em geral vale porém bem menos para a democracia italiana. Na Itália, o recurso ao segredo foi muito mais que uma exceção: nos momentos cruciais da história nacional ele surgiu como uma regra (ao menos

---

15 Ibid.
16 Ibid.

Prefácio

na mesma medida em que a presença do anti-Estado no Estado se confirmou como uma realidade patologicamente em expansão). Na Itália, por outro lado, não se pode dizer que a ampliação e a multiplicação dos âmbitos do mistério tenham sido o resultado de ações inconscientes ou involuntárias. Ao contrário: o uso do *segredo* para estender de modo desmesurado a área do *mistério* tornou-se prática sistemática da ação governamental. Não houve processo por chacinas, na Itália – a começar daquela da Praça Fontana, tipo ideal de todos os processos deste gênero, até chegar à chacina de Ustica – que não se tenha chocado, em certo ponto do próprio percurso, com a barreira do "segredo de Estado". Não houve investigação sobre máfia, corrupção, ilícitos públicos graves ou fatos privados de significativa relevância pública que não se tenha estagnado em alguma zona obscura de solidariedade ou silêncio [*omertà*] institucional, de opacidade, ou que não se tenha deparado com deliberadas práticas de despistamento por parte de atores públicos, com formas ocultadas de dissimulação e de mascaramento de várias maneiras, seladas por trás de uma malha de invisibilidade mais ou menos espessa.

De poder invisível está composta boa parte da história italiana mais recente, somente em pequena medida desvelada pela pesquisa histórica

Democracia e segredo

ou pelas investigações judiciais. Dele, de sua face mascarada, de seus métodos de ação e de seus atos sabemos até agora muito pouco. E este pouco foi revelado na forma tradicional em que o segredo, na democracia, termina por cair: no *escândalo*, precisamente. Podemos dizer que o lado visível do poder invisível se mostrou na história dos escândalos italianos.[17] E trata-se de uma história densa, pesada. A partir deles, no fundo, terminou a Primeira República. Sob seu peso desmoronou boa parte do sistema de partidos que a tinha caracterizado e afundou boa parte da memória coletiva – até mesmo a limpa e de alma virtuosa – que havia sido modelada por aquele modelo de democracia.

---

17 Ao "escândalo necessário", por outro lado, foi dedicada uma significativa resposta dada por Bobbio no âmbito de uma investigação jornalística sobre "os limites entre escândalo e escandalismo" ou, se se preferir, sobre a utilidade ou o prejuízo dos escândalos: "Não creio de modo algum que a onda de escândalos de que se fala na Itália dependa de um excesso de escandalismo" – disse então Bobbio –, "mas bem mais do fato de que na vida política ocorrem desvios de uma correta linha de ação pública sem paralelo com outros países. Não gostaria que com esta distinção entre escândalo e escandalismo se desejasse colocar tudo em silêncio, ocultando, tentando mostrar que as coisas não são graves como parecem. Ao contrário, da difusão da P2 na cúpula dos aparatos estatais à acusação contra parte da classe política siciliana por conivência com a máfia, os escândalos destes últimos anos na Itália não têm precedentes. É bom, portanto, que disto se fale de forma clara: em um país escandaloso não se deve ter medo de revelar a verdade". "Quando lo scandalo serve" [Quando o escândalo é útil], entrevista a *La Stampa*, 20 nov. 1984, p.2.

Prefácio

Escreveu Bobbio em 1994, a título de um balanço da tensa e difícil experiência vivida pela democracia italiana

A República, a "nossa República" terminou mal, ainda que sem violência entre as facções opostas, como frequentemente se chegou a temer. Terminou na desonra, não perante o Tribunal da História – como tendem a terminar as grandes épocas, para o bem ou para o mal – mas em um caso sem precedentes, perante um tribunal de homens de carne e osso [...].[18]

Ele tinha diante de si a traumática investigação da Operação Mãos Limpas [*Mani Pulite*], a qual se poderia ver como a "terceira onda" da derivação cársica italiana, os destroços daquele sistema político destruído pelos escândalos, os sinais visíveis dos estragos produzidos pelo poder invisível. Nem sequer a Segunda República, que então parecia nascer das ruínas da primeira, acrescentava Bobbio, "prometia ser melhor".

Infelizmente, não precisou se esforçar para ser bom profeta.

---

18 Norberto Bobbio, "Cinquant'anni e non bastano" [Cinquenta anos, e não são suficientes], *Il Ponte*, L, jan.1994, n.1. Republicado em: *Cinquant'anni e non bastano. Scritti di Norberto Bobbio sulla revista Il Ponte 1946-1997* (Siena: Fondazione Monte dei Paschi di Siena, 2005, p.246).

Democracia e segredo

O poder invisível

A democracia é idealmente o governo do poder visível, isto é, do governo cujos atos se desenrolam em público e sob o controle da opinião pública. Maurice Joly, em seu *Dialogo agli inferi tra Machiavelli e Montesquieu* [Diálogo no inferno entre Maquiavel e Montesquieu], escreveu no século passado que as instituições de um país livre não podem durar por muito tempo se não agirem *au grand jour* (à luz do sol).

Como ideal do governo visível, a democracia sempre foi contraposta a qualquer forma de autoritarismo, a todas as formas de governo em que o sumo poder é exercitado de modo a ser subtraído na maior medida possível dos olhos dos súditos. O senhor que manda nos escravos ou o monarca de direito divino não têm obrigação alguma de revelar aos que estão a eles submetidos o segredo de suas decisões. Tasso faz dizer a Torrismondo que, "confiados ao vulgo insensato, os segredos de Estado não estão bem guardados". À imagem e semelhança do "Deus oculto", o soberano absoluto, o autocrata, é tanto mais potente quanto melhor consegue ver o que fazem seus súditos sem ser por eles visto. O ideal do soberano equiparado ao Deus terreno é o de ser, como o Deus celestial, o onividente invisível.

Na doutrina do Estado absoluto os *arcana imperii* [autoridades ocultas] são um tema recorrente. Um dos mais conhecidos escritores maquiavelianos, Gabriel Naudé, sentenciou: "Não há príncipe algum tão frágil e insensato que seja imprudente a ponto de submeter ao julgamento do público aquilo que só a duras penas permanece secreto quando confiado aos ouvidos de um ministro ou de um favorito". O poder autocrático se subtrai do controle do público de dois modos: ocultando-se, isto é, tomando as decisões no "conselho secreto", e ocultando, isto é, mediante o exercício da simulação ou da mentira, considerada instrumento lícito de governo.

Ao *arcanum* do poder autocrático, a doutrina democrática contrapõe a exigência de publicidade, da qual Kant deu a justificação mais coerente e convincente com este célebre princípio:

O poder invisível

"Todas as ações relativas ao direito de outros homens cuja máxima não seja suscetível de publicidade são injustas". Qual o significado prático deste princípio? Uma máxima não suscetível de se tornar pública é uma máxima que, na medida em que viesse a público, suscitaria tamanha reação que tornaria impossível sua aplicabilidade. Deixo mais claro este princípio com um exemplo extraído de nossa triste vida cotidiana. Que um político se aproprie de dinheiro público é um ato que só pode ser efetivado no mais absoluto segredo e tão somente se não se torna público. Que homem político poderia converter em máxima pública e declarar abertamente, no momento mesmo em que tomasse posse de seu cargo, que se apropriará do dinheiro público?

Semelhante declaração, por si mesma, tornaria impossível a ação declarada, pois desencadearia a imediata reação do público e muito provavelmente das autoridades responsáveis pela tutela do interesse público. Prova disso é que a apropriação de dinheiro público por parte de um político suscita escândalo. E em que consiste o escândalo se não em tornar público um ato que havia sido mantido em segredo porque, uma vez tornado público, não poderia ter sido realizado, e portanto tinha no segredo a condição necessária para sua efetivação?

Considerada, ao menos em termos ideais, como a melhor forma de governo, a democracia costuma ser acusada de não cumprir suas promessas. Não cumpriu a promessa de eliminar as elites do poder. Não cumpriu a promessa do autogoverno. Não cumpriu a promessa de integrar a igualdade formal com a igualdade substantiva. Curiosamente é algumas vezes acusada de não ter conseguido debelar o poder invisível. É fato que o poder invisível continua a existir. Existe sobretudo na Itália: não se compreende nada do seu sistema político se não se está disposto a admitir que por debaixo do governo visível há um governo que age na penumbra (o assim chamado "subgoverno") e, ainda mais embaixo, um governo que age na mais absoluta obscuridade e que poderia ser chamado de "criptogoverno".

O poder invisível pode assumir várias formas, que, numa primeira aproximação, podem ser distinguidas tomando-se por base a diferente relação que cada uma delas mantém com o poder público, visível. A partir deste critério, podemos distinguir três delas.

Há antes de tudo um poder invisível que se volta contra o Estado, um poder que se constitui no mais absoluto segredo para se contrapor ao Estado. Dele fazem parte as associações delituosas, as grandes organizações criminosas,

O poder invisível

como a máfia, área em que a Itália tem um invejável primado, e as seitas políticas secretas, que hoje atuam como grupos terroristas e cuja proliferação nos últimos dez anos é um fenômeno, também ele, bem italiano. As seitas secretas se diferenciam das associações delituosas no que diz respeito aos fins, não aos meios que empregam, mas os meios que utilizam, como furtos, assaltos, sequestros de pessoas, homicídios, fazem que frequentemente convirjam umas nas outras.

Em segundo lugar, o poder invisível se forma e se organiza não somente para combater o poder público, mas também para tirar benefícios ilícitos e extrair dele vantagens que não seriam permitidas por uma ação à luz do dia. Deste segundo tipo de poder invisível são exemplos as "associações secretas" que, apesar de proibidas pelo art. 18 da Constituição italiana, existem e gozam de excelente saúde, como provam as revelações dos últimos dias [1980] sobre a existência de uma loja maçônica envolvida nos escândalos de petróleo.* Considerando, porém, que o segredo é

---

* Referência à participação da loja maçônica Propaganda Due (P2) nas operações de contrabando e evasão de divisas que, entre 1976 e 1980, tendo em seu centro a política de combustíveis, causaram prejuízos elevados ao Estado italiano e contaram com a participação de diversos personagens do primeiro escalão da administração estatal, dos serviços secretos e da máfia. (N. T.)

Democracia e segredo

preservado não só se enraizando no subsolo, isto é, agindo clandestinamente, mas também se escondendo, pondo uma máscara, podem ser tranquilamente consideradas como formas de poder invisível algumas associações fictícias ou de conveniência, por trás das quais se escondem, como em máscaras, rostos que não querem ser reconhecidos para poderem executar ações que, sem a proteção da máscara, seriam consideradas vergonhosas.

E há por fim o poder invisível como instituição do Estado: os serviços secretos, cuja degeneração pode dar vida a uma verdadeira e própria forma de governo oculto. Que todo Estado tenha serviços secretos é, como se diz, um mal necessário. Ninguém ousa pôr em dúvida a compatibilidade do Estado democrático com a utilização dos serviços secretos. Mas eles somente são compatíveis com a democracia sob uma condição: que sejam controlados pelo governo, pelo poder visível que, por sua vez, é controlado pelos cidadãos, de tal modo que sua atuação seja exclusivamente orientada para a defesa da democracia. Lamentavelmente, da chacina da Praça Fontana em diante, a atmosfera da nossa vida pública foi intoxicada pelas suspeitas de conivência do poder invisível do Estado com o poder invisível do anti-Estado. Não obstante os intermináveis (e ainda

O poder invisível

não terminados) processos, as trevas não foram dissolvidas. Nós, povo soberano segundo a Constituição, ainda não sabemos nada, absolutamente nada, acerca do que realmente aconteceu. Isto significa que o poder é opaco. E a opacidade do poder é a negação da democracia.

La Stampa, 23 de novembro de 1980.

O poder invisível dentro do Estado e contra o Estado

Em uma nota publicada na revista *Nuova Antologia* de janeiro-março de 1981, com o título "Potere visibile e potere invisibile" [Poder visível e poder invisível], defini a democracia como o governo do poder visível e constatei com amargura que na Itália o poder invisível não somente não havia sido debelado, mas continuava a prosperar e a crescer em todas as direções. Escrevi então:

não se compreende nada do nosso sistema de poder se não se está disposto a admitir que por debaixo do governo visível há um governo que age na penumbra (o assim chamado "subgoverno") e, ainda mais embaixo, um governo que age na mais absoluta obscuridade e que poderia ser chamado de "criptogoverno".

Sempre houve e sempre haverá um poder invisível contra o Estado. Ele é integrado pelas associações delituosas, a máfia, as associações subversivas, os grupos de conspiradores e de terroristas (a sigla da famigerada OAS, organização paramilitar clandestina que se opunha à independência da Argélia, significava Organisation Armée *Secrète*). Sempre houve, e infelizmente nada indica que tenha deixado de existir, um poder invisível dentro do Estado, que abarca os serviços secretos voltados à segurança interna e externa do Estado, a organização da espionagem e da contraespionagem.

Em um regime democrático é absolutamente inadmissível a existência de um poder invisível que atue paralelamente ao poder do Estado, ao mesmo tempo dentro e contra, que sob certos aspectos é concorrente e sob outros é conivente, que emprega o segredo não para abater o Estado mas tampouco para servi-lo, que se vale dele principalmente para evitar e até violar impunemente a lei, assim como para obter favores extraordinários ou ilícitos. É um poder que pratica atos politicamente relevantes sem ter qualquer responsabilidade política sobre eles, mas, ao contrário, procurando escapar por meio do segredo até mesmo das mais normais responsabilidades civis, penais e administrativas.

O poder invisível dentro do Estado e contra o Estado

Deixo de discutir o problema do ponto de vista moral, ainda que não tenha sido o único a ficar desgostoso com a imoralidade imperante e a sentir quase vergonha ao ler todos aqueles nomes de pessoas bem posicionadas que se uniram tão somente por um desejo desmesurado de poder, por ambições despropositadas ou por simples e estúpida vaidade.

Não tenho nenhuma dúvida de que a obtenção de vantagens pessoais em termos de carreira, de poder e de riqueza graças a uma filiação secreta é moralmente condenável. Oferece um miserável espetáculo de si mesmo o país em que um número tão grande de personagens pertencentes à classe dirigente, à classe "eleita", como se dizia tempos atrás (e como hoje não se poderia mais dizer), passa a fazer parte de associações que se escondem para poderem esconder.

Não discuto a questão moral porque não há necessidade. Atenho-me à questão política porque ela é suficiente, por si mesma, para permitir que se exprima um juízo severo diante de uma associação cuja única finalidade real, por fora dos objetivos declarados, é exercer um poder oculto: digo "única" ao menos até que alguém, melhor ainda se membro da própria associação, possa me indicar algum outro. Eu ficaria contente se conseguisse compreender as razões que levaram personagens já poderosos em termos de riqueza ou condição social – não me consta que na famosa lista existam operários, empregados modestos, as pessoas que carregam o piano – a sentirem a necessidade de se associar com pessoas desonestas ou politicamente suspeitas.

Será que nos esquecemos de que "República" vem de *"res publica"* e que *"res publica"* significa coisa pública, no duplo sentido de governo *do* público e de governo *em* público? Governo do público significa governo do povo, não de uma pessoa ou de poucos; governo em público significa que os atos do poder ou são exercidos diretamente diante do povo ou são de alguma forma comunicados a seus destinatários naturais e não se tornam oficialmente válidos antes de receberem a devida publicidade.

Há duas formas de governo, opostas uma à outra: democracia e autocracia. A democracia avança e a autocracia retrocede conforme o poder seja cada vez mais visível e os *arcana imperii*, os segredos de Estado, deixam de ser a regra e se convertem em exceção, uma exceção que se recolhe em âmbitos sempre mais restritos e categoricamente estabelecidos.

No início do século XVI, Francesco Guicciardini pôde escrever tranquilamente, sem causar escândalo: "É incrível como o administrador se

O poder invisível dentro do Estado e contra o Estado

beneficia de suas coisas permanecerem secretas". No final do século XVIII, Michele Natale (o bispo de Vico justiçado em Nápoles em 20 de agosto de 1799) escreve no *Catecismo republicano*: "Não há nada de secreto no governo democrático? Todas as operações dos governantes devem ser conhecidas pelo povo soberano".

Não existe democracia sem opinião pública, sem a formação de um público que pretenda ter o direito de ser informado das decisões que são tomadas em nome do interesse coletivo e de exprimir sobre elas sua própria crítica livre.

Qualquer forma de poder oculto, ao tornar vão este direito, destrói um dos pilares em que se apoia o governo democrático. De resto, quem promove formas de poder oculto, e quem a elas adere, deseja precisamente isto: excluir suas próprias ações do controle democrático, não se submeter aos vínculos que toda constituição democrática impõe a quem detém o poder de tomar decisões que vinculem a todos os cidadãos. Pretende, eventualmente, controlar o Estado sem ser por ele controlado. No Estado despótico, o soberano vê sem ser visto. O ideal de toda forma de poder oculto é que o soberano, neste caso o governo democrático, que age à luz do sol, possa ser visto sem poder ver.

Entre as diversas desventuras da democracia italiana, a extensão sempre mais ampla das zonas de poder oculto não é das menos graves. Mas seria ainda mais grave se a zona que foi agora descoberta fosse novamente recoberta. Os amigos e os amigos dos amigos já se apressam em cerrar fileiras não para defender as instituições democráticas, mas para defender o próprio partido, o próprio grupo, o próprio clã. A única maneira de defender as instituições democráticas é cerrando fileiras em torno dos que jamais tiveram a tentação de ir para o subsolo para não serem reconhecidos. São numerosos, felizmente. Mas precisam ter coragem e agir de modo consequente.

Paese Sera, 13 de outubro de 1981.

Democracia e segredo

1. O segredo é a essência do poder

Durante séculos o uso do segredo foi considerado essencial para a arte de governar. Um dos capítulos que não podiam faltar nos tratados de política, num período de muitos séculos (de Maquiavel a Hegel) que se costuma chamar de período da razão de Estado, dizia respeito aos modos, às formas, às circunstâncias e às razões do segredo. A expressão *"arcana imperii"*, que hoje soa sinistra, remonta a Tácito, que no início das suas *Histórias*, narrou um acontecimento "rico de casos desventurados, atroz pelas lutas, dramático pelas sedições, cruel até mesmo na paz". No final do século XVI, Tácito havia se tornado, em política, o novo "mestre dos que sabem". Vico o

Democracia e segredo

consideraria um de seus "quatro autores". Quem deseja encontrar máximas sobre a necessidade do segredo de Estado nas obras políticas de todos os tempos, e não só na época da razão de Estado, não terá outro trabalho a não ser o dessa escolha.

Em seu admirável livro *Massa e poder*, Elias Canetti escreve um capítulo sobre "O segredo", que começa com uma afirmação peremptória: "O segredo encontra-se no mais recôndito cerne do poder". E dele descreve algumas técnicas:

> O detentor do poder que se vale do segredo o conhece com precisão e sabe muito bem avaliá-lo de acordo com seu significado. Ele sabe o que espreitar, quando quer conseguir alguma coisa, e sabe qual de seus auxiliares empregar na espreita. Sendo muitos os seus desejos, ele possui muitos segredos, e os reúne numa sistema no qual eles se guardam uns aos outros. Confidencia uma coisa a um, outra coisa a outro, e cuida para que seus confidentes jamais possam unir-se. Todo aquele que sabe alguma coisa é vigiado por outro, o qual jamais descobre o que realmente está vigiando no primeiro.*

---

* Elias Canetti, *Masse und Macht* (Hamburg: Claassen Verlag GmbH, 1960). Trad. bras.: *Massa e poder* (São Paulo: Companhia das Letras, 1995). (N. T.)

Donde a consequência de que somente o detentor de poder "tem a chave do sistema completo de caixas que abriga seus segredos. Se a confia inteiramente a alguém mais, ele se sente em perigo".

Uma impressionante correspondência entre esse uso do segredo descrito literária e a-historicamente por Canetti e uma realidade histórica que nos é próxima pode ser encontrada no livro do dissidente soviético Alexander Zinoviev, *Cime abissal* [Cumes abissais]: na república de Ibania, uma alegoria da União Soviética, a espionagem é elevada a princípio geral de governo, a suprema regra não só das relações entre governantes e governados, mas também dos governados entre si, de tal modo que o poder autocrático se apoia, mais que sobre sua capacidade de espiar os súditos, também sobre a ajuda que recebe dos súditos aterrorizados, que se espiam entre si. Canetti prossegue: "A distribuição desigual da capacidade de percepção faz parte do poder. O poderoso percebe o que abrigam os outros, mas não permite que percebam o que ele próprio abriga". Dá como exemplo Filippo Maria Visconti que, segundo a crônica da época, era inigualável na capacidade de ocultar o que trazia em seu íntimo.

Em sua forma mais autêntica, o poder sempre foi concebido à imagem e semelhança do poder de Deus, que é onipotente precisamente porque é o onividente invisível. Vem imediatamente à cabeça o Panóptico de Bentham, que Foucault definiu como uma máquina para dissociar a dupla "ver-ser visto": "No anel periférico se é totalmente visto, sem jamais ver; na torre central vê-se tudo sem nunca ser visto".* O próprio Bentham considerava que esse modelo arquitetônico, concebido para as prisões, poderia ser estendido a outras instituições.

Caso viesse a ser estendido – de um modo que Bentham, escritor democrático, jamais teria pensado em fazer – à instituição global, ou seja, ao Estado, o modelo do Panóptico encontraria plena realização no império do Grande Irmão descrito por Orwell, onde os súditos estão continuamente sob a vigilância de um personagem do qual nada sabem, nem sequer se existe. Mas hoje, após a expandida capacidade de "ver" os comportamentos dos cidadãos através da informação pública de centros sempre mais aperfeiçoados e eficazes, bem além do que Orwell teria podido prever (o espaço entre a ficção científica e a ciência é sempre menor, graças ao progresso vertiginoso de nossos conhecimentos), o modelo do Panóptico se torna ameaçadoramente atual.

---

* Michel Foucault, *Vigiar e punir: nascimento da prisão* (Petrópolis: Vozes, 1987). (N. T.)

Donde a pergunta clássica da filosofia política: *quis custodiet custodes* [quem vigia o vigilante/ quem cuida do cuidador]? Como bom democrata, Bentham deu sua resposta: o edifício deverá ser submetido à inspeção contínua não somente de pessoal qualificado mas também do público. Com essa resposta, Bentham antecipava de algum modo o problema atualíssimo do direito de acesso à informação, que é uma das tantas formas do direito que um Estado democrático reconhece aos cidadãos, ou considerados *uti singuli* ou tomados em seu conjunto como "povo", de vigiar os vigilantes.

Porém, precisamente por isto, quem considera que o segredo é inato ao exercício do poder sempre foi partidário dos governos autocráticos. Para me limitar a uma única citação exemplar, uma das razões pelas quais Hobbes considera que a monarquia é superior à democracia é a maior garantia de segurança:

> As deliberações das grandes assembleias sofrem do inconveniente de que as decisões públicas, cujo caráter secreto é com frequência de grande importância, sejam conhecidas pelos inimigos antes de serem levadas à prática. (*De cive*, X, p.14)

Considerado o poder soberano em suas duas faces tradicionais, a externa e a interna, a principal

Democracia e segredo

razão do segredo com respeito à primeira é, como Hobbes diz claramente, o não revelar ao inimigo os próprios movimentos, a convicção de que todo e qualquer movimento é tanto mais eficaz quando mais se constitui uma surpresa para o adversário; com respeito à segunda face, ao contrário, a razão é sobretudo a desconfiança na capacidade do povo de compreender qual seja o interesse coletivo, o *bonum commune*, a convicção de que o vulgo persegue os próprios interesses particulares e não tem olhos para ver as razões do Estado, a "razão de Estado". Os dois argumentos são opostos em certo sentido: no primeiro caso, não permitir que se saiba depende do fato de que o outro esteja em condições de bem compreender; no segundo caso, não permitir que se saiba relaciona-se com o fato de que o outro compreende pouco e poderia interpretar equivocadamente as verdadeiras razões de uma deliberação, opondo-se a ela de modo não criterioso. Em uma de suas *Avvertimenti civili* [Advertências cívicas], Guicciardini sentencia: "É incrível como o administrador se beneficia de que suas coisas permaneçam secretas". No *Breviário dos políticos* do Cardeal Mazarin,* a boia

---

* Giulio Mazzarino, *Breviario dei politici secondo il Cardinale Mazzarino*. Giovanni Macchia (org.). (Milano: Rizzoli Editore, 1981). Trad. bras.: Cardeal Mazarin, *Breviário dos políticos* (São Paulo: Editora 34, 1997). (N. T.)

de salvação, como diz Giovanni Macchia em seu prefácio, que pode permitir ao homem de poder não naufragar, é o "culto do segredo".

Há, porém, um argumento ulterior: somente o poder secreto consegue derrotar outro poder secreto, a conspiração, a conjura, o complô. Ao lado dos *arcana dominationis* estão os *arcana seditionis*. Na *Teoria del partigiano* [Teoria do guerrilheiro], Carl Schmitt falou de um espaço de profundidade típico da guerra de guerrilha, feita de emboscadas mais que de combates abertos, e a comparou com a guerra marítima feita com submarinos, que pareceu superar, quando surgiu em toda a sua periculosidade na guerra alemã contra a Inglaterra, a ideia da guerra como confronto realizado em um grande palco (pense-se na metáfora do "teatro de guerra").

Além do mais, o poder autocrático não somente pretende estar em melhores condições de neutralizar o segredo alheio do que o poder democrático, mas também, quando julga necessário, sabe inventá-lo para poder assim se reforçar e justificar sua própria existência. O poder invisível torna-se um pretexto, uma ameaça intolerável que deve ser combatida com todos os meios. Onde há um tirano, há um complô: se não há, é criado. O conjurado é a contrafigura necessária do tirano. Como seria feliz e benéfico o tirano se o poder tenebroso que o ameaça não se esconodesse em cada esquina do palácio, até dentro da sala do trono, por trás de suas costas. Em um de seus últimos contos, Italo Calvino descreve o "rei à escuta", sentado imóvel em seu trono, a quem chegam todos os rumores do palácio real, até mesmo os menores, e todo rumor é uma advertência, um sinal de perigo, o indício sabe-se lá de qual subversão:

> Os espiões encontram-se atrás de todos os toldos, das cortinas, das tapeçarias. Seus espiões, os agentes de seu serviço secreto, que têm a tarefa de escrever relatórios minuciosos sobre as conspirações do palácio. A corte pulula de inimigos, tanto que é cada vez mais difícil distingui-los dos amigos: sabe-se com certeza que a conspiração que haverá de destroná-lo será organizada por seus ministros e dignitários. E você sabe que não há serviço secreto que não esteja infiltrado de agentes do serviço secreto adversário. Talvez todos os agentes pagos por você também sejam conspiradores, o que torna obrigatório continuar a pagá-los para mantê-los calmos o maior tempo que for possível.

Mas também o silêncio é ameaçador: "Há quantas horas você não ouve a troca das sentinelas? E se o pelotão de guardas que lhe são fiéis tivesse sido capturado pelos conjurados?".*

O stalinismo também pode ser interpretado como a descoberta que o tirano faz, e somente ele pode fazer, do universo como um imenso complô, como a realidade profunda do mundo real, que domina o mundo aparente do qual somente o tirano conhece a inconsistência, podendo por isso liberar os comuns mortais do medo do reino das trevas. Um típico exemplo de caça às bruxas. Mas quando a caça às bruxas faz sua aparição em uma sociedade democrática, a liberdade fica em perigo e a democracia corre o risco de se converter em seu oposto.

Não sei se há uma obra dedicada à técnica do poder secreto. Sou forçado a me limitar a algumas rápidas anotações. São inerentes à ação política – tanto à do poder dominante quanto à do contrapoder – duas técnicas específicas, que se completam reciprocamente: subtrair-se do olhar do público no momento em que se tomam deliberações de interesse público e vestir uma máscara quando obrigado a se apresentar em público.

Nos Estados autocráticos, a sede das decisões finais é o gabinete secreto, a câmara secreta, o

---

* Italo Calvino, *Sotto il sole giaguaro* (Milano: Garzanti, 1986). Trad. bras.: *Sob o sol-jaguar* (São Paulo: Companhia das Letras, 1995). (N. T.)

conselho secreto. Quanto ao mascaramento, ele pode ser entendido tanto em sentido real quanto em sentido metafórico. Em sentido real, a máscara transforma o agente em ator, a cena em palco, a ação política em representação. A ideia da política como espetáculo está longe de ser nova. Quando Hobbes introduziu o discurso sobre o tema da representação, estabeleceu uma analogia imediata entre representação política e representação artística. Mais ainda, o tema da pessoa que representa a outra, e que Hobbes chama de "ator", foi transferido do palco para a política, "para indicar quem quer que represente palavras e ações, tanto nos tribunais quanto nos teatros". Como escreve Canetti, a máscara transfigura a face humana porque a enrijece:

> No lugar de uma expressão facial que jamais se fixa e está sempre em movimento, ela coloca o seu oposto: uma rigidez e constância perfeitas. Logo atrás da máscara começa o segredo. [...] Não é admitido que se saiba o que há por trás dela. [...] A máscara ameaça com o segredo que represa atrás de si. Uma vez, porém, que não é possível lê-la fluentemente como se faz com um rosto, suspeita-se e teme-se o desconhecido que ela oculta.

Uma das muitas analogias de que se serviram os escritores políticos para figurar uma das formas do poder é a de Proteo, ou o camaleão, que se torna irreconhecível ao metamorfosear continuamente seu aspecto. Mas o homem pode trocar de máscaras infinitas vezes e, portanto, aparecer diferente do que é infinitas vezes. Nada pode confundir mais o adversário do que não poder reconhecer a verdadeira face de quem está à sua frente.

Em sentido metafórico, o mascaramento ocorre sobretudo mediante a linguagem, que, sendo oportunamente usada, permite ocultar o pensamento. Esse ocultamento pode se dar de dois modos: ou usando uma linguagem para iniciados, esotérica, compreensível somente para os que integram o círculo, ou usando a linguagem comum para dizer o oposto do que se pensa ou para dar informações equivocadas ou justificativas distorcidas.

Abre-se aqui um campo vastíssimo, que também é o mais explorado: o da legimidade do *mendacio*, da mentira, que remonta à "mentira nobre" de Platão, e da dissimulação, ao qual recentemente retornou Rosario Villari no livro *Elogio della dissimulazione* [Elogio da dissimulação], dedicado a escritores políticos da época barroca, do qual extraio esta significativa passagem da *Política* de Justo Lispio:

Ainda que isto desagrade às boas almas, que gritarão: "sejam banidas da vida humana as simulações e dissimulações". Da vida privada, é verdade, da pública nem tanto, e não pode agir de outra maneira quem tenha em mente a República.

Virtude política por excelência sempre foi considerada a "prudência", a *fronesis* aristotélica, ainda que interpretada de diferentes maneiras. Trata-se de um tema que parece ter voltado a ter atualidade, a julgar pelo fascículo que lhe dedicou a nova revista *Filosofia politica*, com artigos que ilustram sua história mediante a análise de textos de diversas épocas. Pertence à regra da prudência o dizer e o não dizer, o não dizer tudo mas somente uma parte, o silenciar, o omitir, a reticência. Trata-se de uma série de comportamentos que estão entre a prudência e a astúcia, figuradas por dois animais simbólicos do discurso político, a serpente e a raposa. Um dos personagens de *El Criticón* (1651), de Baltasar Gracián, diz: "As serpentes são mestres de todo tipo de sagacidade. Elas nos mostram o caminho da prudência". Quanto à raposa, basta recordar o célebre capítulo XVIII do *Príncipe*, no qual Maquiavel diz que o príncipe deve usar a raposa e o leão, e que um senhor "prudente" não é obrigado a manter a palavra dada "quando isso se torna prejudicial". Outro personagem de *El Criticón* aconselha a seus interlocutores que procuram um guia no "labirinto cortesão": "Saibam quão perigoso mar é a Corte, com a Cila de seus enganos e a Caríbdis de suas mentiras".

2. O desafio democrático

Num artigo de 1981 intitulado "L'alto e il basso. Il tema della conoscenza proibita nel '500 e '600" [O alto e o baixo. O tema do conhecimento proibido nos séculos XVI e XVII], Carlo Ginzburg se inspira num fragmento de São Paulo (Romanos, II, 20), que em sua vulgata diz *"Noli autem sapere, sed time"* [Não seja arrogante, tema], interpretado cada vez mais no sentido de um convite para que se renuncie à soberba intelectual e, portanto, como uma repreensão contra a excessiva curiosidade do sábio, para então fazer algumas reflexões sobre os limites fixados ao nosso conhecimento pela presença de três esferas insuperáveis: os *arcana Dei*, os *arcana naturae* e os *arcana imperii*, estreitamente vinculados entre si. Quem ousou transgredir esses limites foi punido: os exemplos clássicos são Prometeu e Ícaro. Mas também podemos acrescentar a eles talvez o mais familiar de todos, ao menos na tradição cultural italiana: o Ulisses, de Dante.

As grandes descobertas astronômicas do século XVI representaram uma primeira transgressão da proibição de penetrar os *arcana naturae*. Que repercussões teve essa primeira transgressão da prescrição de se deter diante de uma das três terras proibidas, com respeito à análoga prescrição referente às outras duas? Na metade do século XVII, relata Ginzburg, o cardeal Sforza Pallavicino teve que reconhecer que era lícito penetrar os segredos da natureza porque as leis naturais seriam poucas, simples e invioláveis. Mas não aceitou que aquilo que valia para os segredos da natureza também valesse para os segredos de Deus e do poder, considerando que seria um ato temerário violar a imperscrutabilidade da vontade do soberano, do mesmo modo que da de Deus. Nos mesmos anos, Virgilio Malvezzi formulou um conceito análogo ao dizer que "quem para descobrir os acontecimentos físicos apela a Deus por motivos racionais é pouco filósofo, e quem não apela para descobrir os acontecimentos políticos é pouco cristão".

Em contraste, o pensamento iluminista adotou como lema o dito de Horácio, *Sapere aude* [Ousa ser sábio]. Há alguns anos, publicou-se na *Rivista Storica Italiana* um erudito debate sobre a origem deste lema (do qual encontrei outro exemplo no ensaio em defesa da codificação escrito por Thibaud em 1814) entre Luigi Firpo e Franco Venturi. Firpo buscou apoio em Pierre Gassendi, citado por Sorbière em seu *Diário*.

Como se sabe, o lema campeia no escrito de Kant sobre o iluminismo, onde é traduzido da seguinte forma: "Tenha a coragem de fazer uso da tua inteligência". Nesse ensaio Kant diz que o iluminismo consiste na saída do homem do estado de menoridade, que ele deve atribuir a si próprio, e que na base do iluminismo está a mais simples de todas as liberdades, a liberdade de fazer uso público da própria razão. "O uso público da própria razão deve ser livre, e essa é a única coisa que pode efetivar o iluminismo entre os homens". Levando às consequências lógicas essa afirmação, descobre-se que caem por terra as proibições tradicionais postas em prática para proteger os *arcana imperii*. Para o homem saído da menoridade, o poder não tem e não deve mais ter segredos. Para que o homem que atinge a maioridade possa fazer uso público da própria razão é necessário que ele tenha pleno conhecimento dos assuntos do Estado, é necessário que o poder aja em público. Cai assim uma das razões do segredo de Estado: a ignorância do homem vulgar, que fazia que Tasso dissesse através de Torrismondo: "confiados ao vulgo insensato, os segredos de Estado não estão bem guardados". Cabe a Kant o mérito de ter posto com a máxima clareza o problema da publicidade do poder e de lhe haver dado uma justificação ética.

É interessante observar que Kant desenvolveu o tema a propósito do direito internacional. Num apêndice ao ensaio *A paz perpétua*, põe o problema do possível acordo entre a política e a moral, problema que lhe era particularmente caro. Sustenta que o único modo de garantir que isto ocorra é condenando o segredo dos atos de governo e instituindo sua publicidade, ou seja, uma série de regras que obriguem os Estados a prestar contas de suas decisões ao público e impossibilitem a prática dos *arcana imperii*, característica dos Estados despóticos. A solução do problema é formulada do seguinte modo: "Todas as ações que se referem ao direito de outros homens cuja máxima não se harmonize com a publicidade são injustas". Qual o significado desta afirmação? Kant assim o explica:

> Uma máxima que não posso manifestar em voz alta sem que, ao mesmo tempo, se frustre a minha própria intenção, que deve permanecer inteiramente secreta se quiser ser bem sucedida, que eu não posso confessar publicamente sem provocar de modo inevitável a oposição de todos contra o meu propósito, uma máxima assim

Democracia e segredo

somente pode obter a reação necessária e universal de todos contra mim, cognoscível *a priori*, pela injustiça com que a todos ameaça.

É como dizer que nas relações humanas, seja entre indivíduos, seja entre Estados, o manter em segredo um propósito e o mantê-lo assim por não se poder apresentá-lo em público, é por si só a prova de fogo da sua imoralidade.

Para deixar claro o princípio, Kant dá exemplos extraídos do direito público interno e do direito público externo, isto e, do direito internacional. Com respeito a este último os exemplos são os seguintes:

1) Pode um Estado que prometeu algo a outro romper a palavra dada caso assim o exija a salvação do Estado? Mas a um Estado que tornasse pública essa máxima não ocorreria que os demais Estados procurariam evitá-lo e buscariam se associar para resistir às suas pretensões? Isto não prova, conclui Kant, que aquela máxima, uma vez tornada pública, perderia seu efeito e portanto deve ser considerada injusta?

2) Pode-se admitir o direito de potências menores de unir-se para atacar uma potência vizinha que se fortaleceu a ponto de se tornar formidável? Mas um Estado que deixasse entrever semelhante máxima não atrairia mais rápida

e seguramente o mal que busca manter longe de si? Ainda uma vez, conclui Kant, "essa máxima da prudência política, quando se tornasse pública, destruiria seu próprio objetivo e seria portanto injusta";

3) Se um pequeno Estado, por sua posição, afeta a continuidade de um Estado maior, não terá o Estado maior o direito de submeter o Estado menor e anexá-lo a seu território? Mas acaso poderia o Estado maior tornar pública essa máxima? Não, porque os Estados menores logo se associariam ou outras potências contestariam a anexação, com a consequência de que tal máxima não poderia ser levada à prática precisamente por sua publicidade. O pressuposto desse discurso kantiano é claro: manter em segredo um propósito, ou mesmo um pacto, ou se fosse possível qualquer decisão pública, já seria por si mesma uma prova da sua ilicitude.

Seja como for, deve-se observar que Kant não tira todas as consequências políticas desta premissa. Para que o princípio da publicidade possa ser não somente proclamado pelo filósofo mas efetivado pelo político – de modo que, para nos exprimirmos mais uma vez com Kant, não se dê razão ao dito comum "isto pode ser justo em teoria, mas não vale para a prática" – é preciso que o poder público seja controlável. Porém, em que forma de

Democracia e segredo

governo esse controle pode existir a não ser naquela em que o povo tem o direito de tomar parte ativa na vida política? Kant certamente não é um escritor democrático, no sentido de que por "povo" entende não todos os cidadãos mas somente os cidadãos independentes; porém, o valor que ele atribui ao controle popular sobre os atos do governo converte-se uma vez mais em tema de direito internacional, ali onde, ao afirmar que a paz perpétua somente pode ser assegurada por uma confederação de Estados que tenham a mesma forma republicana de governo, emprega como justificativa o célebre argumento de que apenas com o controle popular a guerra deixará de ser um capricho dos príncipes ou, para dizer com a expressão kantiana, um "jogo de prazer".

Enquanto o poder do rei foi considerado como derivando do poder de Deus, os *arcana imperii* foram uma direta consequência dos *arcana Dei*. Em um de seus discursos, Jácomo I, príncipe absoluto e teórico do absolutismo, definiu a prerrogativa, isto é, o poder real não submetido ao poder do parlamento, como um "mistério de Estado" compreensível somente para os príncipes, os reis-sacerdotes que, como deuses terrenos, administram o mistério do governo. Uma linguagem como esta, na qual o apelo ao mistério joga um papel essencial e se subtrai a qualquer exigência de explicação racional do fundamento do poder e da consequente obrigação de obediência, está destinada a desaparecer conforme o discurso do governo se desloca de cima para baixo e, para permanecer na Inglaterra, da prerrogativa do rei para os direitos do parlamento.

A linguagem esotérica e misteriosa não se adapta à assembleia de representantes eleitos periodicamente pelo povo, e portanto responsáveis diante dos eleitores, tanto faz se muitos ou poucos, mas tampouco se adapta à democracia dos antigos, na qual o povo se reunia em praça pública para ouvir os oradores e então deliberar. O parlamento é o local em que o poder está representado no duplo sentido de ser o espaço onde se reúnem os representantes e onde, ao mesmo tempo, se dá uma verdadeira e própria representação, que enquanto tal necessita do público e deve portanto desenrolar-se em público. Carl Schmitt captou bem esse nexo entre caráter representativo (*rappresentanza*) e representação (*rappresentazione*) quando escreveu:

> A representação somente pode ter lugar na esfera da publicidade. Não há qualquer representação que se desenrole em segredo e a portas fechadas [...]. Um parlamento somente tem caráter representativo quando acredita que sua atividade

seja pública. Sessões secretas, acordos e decisões secretas de um comitê qualquer podem ser muito significativos e importantes, mas jamais poderão ter caráter representativo.

Com isto não se quer dizer que toda forma de segredo deva ser excluída: o voto secreto pode ser conveniente em alguns casos; a publicidade das Comissões Parlamentares não está reconhecida. Há até quem, como Giovanni Sartori, na nova edição revista e ampliada da sua teoria da democracia,* condene a exigência de uma política sempre mais visível como sendo uma exigência pouco consciente das consequências implicadas na maior visibilidade. Mas não se pode deixar de reconhecer, com Schmitt, que "representar" também significa "tornar visível e presente um ser invisível mediante um ser publicamente presente".

Podemos concluir essa reflexão com Richard Sennett que, em seu pequeno e valioso livro sobre a autoridade, publicado em 1980 e traduzido para o italiano em 1981, afirma: "Todas as ideias de democracia que herdamos do século XVIII baseiam-se na concepção da autoridade visível e

---

* Giovanni Sartori, *The Theory of Democracy Revisited*. 2v. (Chatham, N.J.: Chatham House, 1987). Trad. bras.: *A teoria da democracia revisitada*. 2v. (São Paulo: Ática, 1994). (N. T.)

legível". E cita a frase de Jefferson: "O líder pode usar o discernimento, mas não pode ser autorizado a guardar suas intenções para si".*

3. Quem vencerá o desafio?

Entre as promessas não cumpridas da democracia, que mencionei em um texto publicado anos atrás,** a mais grave e prejudicial e, ao que parece, também a mais irremediável, é precisamente a da transparência do poder. Creio que não preciso apresentar exemplos. Tanto mais porque são numerosos os escritos sobre os *arcana dominationis* da democracia italiana, com os quais se chocam os *arcana seditionis*.

Ao comentar a sentença instrutória sobre a chacina da estação de Bolonha, escrevi que a tendência do poder ao ocultamento é irresistível. Repito mais uma vez com Canetti: "O segredo encontra-se no mais recôndito cerne do poder". Mas não gostaria de esquecer as observações de Max Weber sobre os usos que a burocracia faz do segredo para aumentar seu poder. O conceito

---

* Richard Sennett, *Authority* (New York: Knopf, 1980). Trad. bras.: *Autoridade* (Rio de Janeiro; São Paulo: Record, 2001, p.223-224). (N. T.)

** *Il futuro della democrazia: una difesa delle regole del gioco* (Torino: Einaudi, 1984). Trad. bras.: *O futuro da democracia*. 7.ed. (Rio de Janeiro: Paz e Terra, 2009). (N. T.)

do "segredo oficial" é a invenção específica do poder burocrático, segundo Weber.

> Quando a burocracia enfrenta um Parlamento, luta com seguro instinto de poder contra qualquer tentativa deste de conseguir dos interessados, mediante meios próprios, conhecimentos especializados: um Parlamento mal informado e, por isso, sem poder, é naturalmente bem-vindo à burocracia.*

E o que dizer do segredo comercial? O segredo sempre é um instrumento de poder. A analogia entre segredo oficial e segredo comercial foi feita pelo próprio Weber. "Ele é equiparável, em sua relação com o saber especializado, com os segredos comerciais da empresa em sua relação com os segredos técnicos". Quanto ao saber técnico, por outro lado, a razão do segredo está não somente na manutenção da superioridade derivada de um conhecimento específico que o concorrente não possui, mas também na incapacidade do público de compreender sua natureza e sua dimensão. O saber técnico cada vez mais especializado torna-se sempre mais um saber de elite, inacessível à massa. Também a tecnocracia tem seus *arcana*, e é para

---

* Max Weber, *Economia e sociedade: fundamentos da sociologia compreensiva* (Brasília: UnB, 2004, p.226, v.2). (N. T.)

Democracia e segredo

a massa uma forma de saber esotérico, incompatível com a soberania popular pelos mesmos motivos que fazem que num regime autocrático se considere o vulgo incompetente e incapaz de entender os assuntos de Estado. O contraste entre democracia e tecnocracia deste ponto de vista é o tema de um conhecido ensaio de Robert Dahl, publicado recentemente em italiano.*

Há também quem, a propósito dos Estados Unidos – o *princeps* no sentido de líder dos Estados democráticos –, falou de um "duplo Estado", o visível, que é dirigido pelas regras da democracia que prescrevem a transparência, e o invisível. Isto não significa confundir uma democracia com uma autocracia, na qual o verdadeiro Estado é um só, o invisível, e na qual é tão desejada e exigida a necessidade de transparência quanto é desejada e exigida num Estado democrático a denúncia da ausência de transparência. Metaforicamente, nos dois sistemas a relação entre luz e trevas está invertida: lá o reino das trevas ameaça a área luminosa, aqui a luz está avançando com dificuldade para começar a iluminar ao menos uma parte da área escura.

A resistência e a persistência do poder invisível são tão mais fortes, inclusive nos Estados

---

* Robert Dahl, *Democrazia o tecnocrazia? Il controllo delle armi nucleari* (Bologna: Il Mulino, 1987). (N. T.)

Democracia e segredo

democráticos, quanto mais se levam em consideração as relações internacionais. Quem quer que conheça a literatura sobre a razão de Estado sabe que ela encontrou o terreno mais fértil na política externa, lá onde se põe de modo eminente o problema da segurança do Estado, da *salus rei publicae*, que fazia Maquiavel dizer que quando está em jogo a "saúde da pátria" não deve haver nenhuma consideração "nem do justo nem do injusto, nem do piedoso nem do cruel". Para um autor como Kant, que condena a razão de Estado, ou seja, a subordinação da moral às pretensões da política, o apelo aos princípios morais vale em primeiro lugar nas relações internacionais, onde a violação é mais frequente e evidente. Entre os estratagemas desonestos, a que um Estado em guerra não deveria recorrer, porque impossibilitariam a confiança recíproca na paz futura, Kant elenca a contratação de sicários, envenenadores, espiões, o recurso a forças ocultas: "artes infernais que não permaneceriam por muito tempo nos limites da guerra, como o uso de espiões, mas se estenderiam também para o estado de paz, cujas finalidades seriam assim inteiramente anuladas".

Sem precisar retroceder muito no tempo, aquilo que ocorreu ano passado [1987] nos Estados Unidos (que inegavelmente pertencem ao

Democracia e segredo

círculo dos países democráticos), quando se descobriu que o presidente da República conduzira durante anos uma política externa secreta em contraste com a política externa pública,* é uma prova fulgurante de que a potência do segredo é irresistível, especialmente nas relações internacionais. Deixa claro que, uma vez feita a descoberta, a violação da publicidade é, num sistema democrático, condenada pela opinião pública e pode mesmo ser passível de sanções políticas, comprovando assim que o controle democrático pode ter certa eficácia. Demonstra, ainda, que a esfera mais exposta ao abuso é a das relações internacionais, porque é nela que mais facilmente se adicionam pretextos e se faz que sejam aceitos, em nome do estado de necessidade, dos interesses vitais do país, das exigências de defesa, do princípio de reciprocidade, em suma, todos os argumentos tradicionais da razão de Estado que

---

* Referência às revelações de que o governo de Ronald Reagan (1981-1989) autorizou a CIA e o FBI a desenvolverem ações secretas e especiais contra Estados tidos como apoiadores de organizações terroristas. O conceito de "ameaça terrorista" foi então dilatado, de modo a incluir o tráfico de drogas e governos de esquerda contrários à política norte-americana. Durante todo o seu período de governo, Reagan assinou medidas secretas de modo a viabilizar a orientação. Em 23 de novembro de 1983, uma lei aprovou a criação do National Endowment for Democracy (NED), organização não governamental que teve importante papel no financiamento de numerosos grupos de oposição à política dos Estados Unidos. (N. T.)

Democracia e segredo

visam justificar a inobservância dos princípios morais e jurídicos.

As razões desse enfraquecimento da transparência democrática, mesmo nos Estados democráticos e sobretudo nas relações internacionais, não são difíceis de descobrir. São essencialmente duas: (1) a presença no sistema internacional de Estados não democráticos, nos quais o segredo é regra e não exceção; (2) o fato de que o sistema internacional em seu conjunto é um sistema não democrático, ou, na melhor das hipóteses, é um sistema democrático potencial apoiado na Carta das Nações Unidas, mas não nos fatos, porque em última instância a ordem internacional ainda repousa num sistema tradicional de equilíbrio. Enquanto um Estado democrático viver em uma comunidade a que pertençam com pleno direito Estados não democráticos, e que são a maioria, e enquanto o sistema internacional for ele próprio não democrático, o regime dos Estados democráticos será uma democracia imperfeita. Uma sociedade tendencialmente anárquica como a internacional, que se rege pelo princípio da autodefesa, ainda que em última instância, favorece o despotismo interno de seus membros ou pelo menos obstaculiza sua democratização. Não se pode combater o poder invisível senão com um poder invisível igual e contrário, os espiões alheios com os próprios espiões, os serviços secretos dos outros Estados com os serviços secretos do próprio Estado.

Posso acrescentar, para adicionar outro argumento em favor da diferença entre política externa e política interna, que, enquanto os serviços secretos são tolerados por uma opinião pública democrática quando o âmbito de suas operações é a esfera internacional, eles o são muito menos quando se descobre que desenvolvem suas atividades entre os cidadãos. Em substância, a diplomacia fechada somente pode ser combatida com outra diplomacia igualmente fechada. Como admito meu total analfabetismo em matéria de espionagem, confio na autoridade de um supercompetente como Walter Laqueur, que, numa obra muito bem documentada, *Un mondo di segreti* [Um mundo de segredos], que na tradução italiana (1986) tem por subtítulo *Impieghi e limiti dello spionaggio* [Usos e limites da espionagem], depois de ter observado que uma democracia como a americana só pode ter uma diplomacia aberta – tanto que se sabe mais a respeito da CIA do que de qualquer outro serviço secreto no mundo inteiro –, pergunta-se "se um serviço secreto pode funcionar de maneira eficaz nestas condições", ou seja, mantendo o mais perfeito segredo sobre seus próprios serviços secretos.

Entre os *arcana imperii* mais difíceis de serem extintos, ou talvez até mesmo imortais, de um Estado democrático, encontra-se o tratado secreto. Um tema em que não entro, seja porque não está entre meus objetivos, seja porque não me considero particularmente versado nele. Como, porém, abordei o tema do poder oculto sobretudo com indicações históricas, mencionarei ao menos um dos maiores adversários dos tratados secretos, que de resto é um dos autores em que me apoiei e um dos principais escritores políticos democráticos do século XIX, cujas obras estão bem longe de terem sido exaustivamente exploradas.

No quarto ensaio dos *Principî di diritto internazionale* [Princípios de direito internacional], intitulado "Progetto di pace universale e perpetua" [Projeto de paz universal e perpétua], Bentham, partindo do suposto de que a guerra é um mal e a paz, um bem, em contraste com a política externa geralmente praticada por seu país, no qual a guerra é a "mania nacional", uma mania com a qual a paz sempre chega cedo e a guerra sempre muito tarde, fixa algumas condições essenciais para que se estabeleça uma paz duradoura. Entre essas condições, uma é assim formulada:

É oportuno e necessário não tolerar mais o segredo no que diz respeito ao que faz o Ministério do Exterior da Inglaterra, pois tal segredo é tão inútil quanto repugnante aos interesses da liberdade e da paz. [...] Não se pode nem se deve permitir que em algumas situações negociais, assim como em algumas de suas fases, o Gabinete deste país faça negociações e as mantenha o mais possível longe do conhecimento público. Ainda menos se pode e se deve permitir que permaneçam desconhecidas do Parlamento, especialmente após um interrogatório parlamentar. [...] Seja o que for que afirmem as negociações preliminares, não se pode nem se deve permitir que um segredo deste gênero seja mantido em tratados efetivamente concluídos.

A razão dessas cláusulas deve ser buscada, segundo Bentham, na consideração de que o segredo dos tratados é ao mesmo tempo nocivo e inútil. Nocivo, porque, em um sistema democrático baseado no controle do poder por parte do público, é evidente que não se pode exercer algum controle sobre medidas das quais nada se sabe, com a consequência de que uma nação pode estar em guerra sem que tenha sabido nem desejado. Inútil, porque a posição da Inglaterra a preserva de qualquer surpresa. "Surpresa e segredo são – comenta ao final – recursos da desonestidade e do medo, da ambição injustificável associada à fraqueza". Referindo-se a uma situação diversa – a das monarquias em que o monarca goza de prerrogativa em política externa (como de resto também ocorria nas monarquias constitucionais, como se pode ver no artigo 5 do Estatuto Albertino, o Estatuto Fundamental da Monarquia de Saboia assinado em 4 de março de 1848 por Carlos Alberto de Saboia) –, explode nesta reprovação:

> Se se considera o interesse do primeiro servidor do Estado [alusão a Frederico II] como distinto e oposto ao da nação, a clandestinidade pode se revelar favorável aos projetos dos ladrões e bandidos coroados.

Uma vez mostrado todo o mal possível do segredo nos assuntos do Estado, deve-se ainda dizer que existem situações em que ele pode ser considerado legítimo. Não há regra sem exceção. No domínio da ética, e, portanto, do direito enquanto constitui uma esfera particular da ética, a única regra sem exceção é que não há regras sem exceção. Naturalmente, a exceção, na medida em que suspende um princípio tido como verdadeiro, deve ser justificada com base em

Democracia e segredo

outros princípios também tidos como verdadeiros, ou procurando apoio nas consequências da sua aplicação em um caso específico. No primeiro caso, nos encontramos diante de um contraste entre princípios, de uma incoerência do sistema normativo; no segundo, ao contrário, trata-se da situação a que se dá o nome de *"summum ius summa iniuria"* [excesso de direito, excesso de injustiça], ou seja, da situação em que a aplicação da regra em um caso específico leva a consequências contrárias às previstas.

Em linhas gerais, pode-se dizer que o segredo é admissível quando garante um interesse protegido pela Constituição sem prejudicar outros interesses igualmente garantidos (ou ao menos sem que se equilibrem os interesses). Naturalmente, o que vale nos assuntos públicos de um regime democrático em que a publicidade é a regra e o segredo é a exceção não vale nos assuntos privados, ou seja, quando está em jogo um interesse privado. De resto, nas relações privadas vale exatamente o contrário: o segredo é a regra, contra a invasão do público no privado, e a publicidade é a exceção. Precisamente porque a democracia pressupõe a máxima liberdade dos indivíduos singularmente considerados, estes devem ser protegidos de um excessivo controle por parte dos poderes públicos sobre sua esfera privada, e precisamente porque a democracia é o regime que prevê o máximo controle dos poderes públicos por parte dos indivíduos, este controle é possível somente se os poderes públicos atuam com o máximo de transparência. Em suma, integra a lógica mesma da democracia que a relação entre regra e exceção seja invertida, respectivamente, na esfera pública e na esfera privada.

Na esfera pública, o debate somente poderá ser feito sob o ângulo da exceção e não da regra. E provavelmente se encontrará perante dois paradoxos clássicos que tornam ambíguo todo discurso moral:

(a) o paradoxo da incompatibilidade ou da antinomia dos princípios, no caso específico a antinomia entre o princípio de segurança do Estado e o princípio da liberdade dos indivíduos singulares;

(b) o paradoxo da exceção à regra, que é consentida porque permite salvar a própria regra, como ocorre com respeito à licitude da legítima defesa, que viola a regra que proíbe o uso da violência mas que é ao mesmo tempo, em determinadas circunstâncias, o único modo de obter o respeito a ela.

Um caso verdadeiramente exemplar desse paradoxo pode ser encontrado em um sistema como o democrático: vimos que a democracia excluiu por princípio o segredo de Estado, mas o uso do segredo de Estado, através da instituição dos serviços de segurança, que agem em segredo, é justificado como sendo um instrumento necessário para defender, em última instância, a própria democracia. A mesma lei que fixa normas para a conduta desses serviços "fala em política de informação e de segurança no interesse e para a defesa do Estado democrático". A serpente morde a própria cauda. Mas a serpente, como vimos, sempre foi considerada um emblema da prudência, virtude política por excelência – e por que não?, uma virtude também dos juristas, cuja ciência não por acaso foi chamada de *iurisprudentia*.

Março, 1988.

Segredo e mistérios:
os poderes invisíveis

Agora não há mais dúvidas, ainda que exista quem não o saiba ou finja não saber. A maior parte dos mistérios italianos deve ser atribuída ao fato de que, em tempos de Guerra Fria, ou seja, de luta mortal entre Estados Unidos e União Soviética, existiu na Itália o mais forte partido comunista do Ocidente. Durante anos, esse partido jamais escondeu – ao contrário, sempre manifestou abertamente sua simpatia política pela União Soviética, quer dizer, pelo inimigo, já que se vivia numa guerra, ainda que potencial –, e mesmo quando sua orientação política se alterou radicalmente e sua lealdade às instituições republicanas estava fora de discussão, continuou a ser tratado, mais pelos poderes ocultos que pelos poderes visíveis, como sendo um personagem não confiável.

Falei de "mistérios", e não de "segredos". O segredo não é por si mesmo um bem ou um mal. É bom quando impede que se conheça aquilo que é bom, útil e oportuno que se ignore; é mau quando impede que se saiba aquilo que seria bom, útil e oportuno que se soubesse. O mistério, ao contrário, diz respeito àquilo que, ainda que fosse bom, útil e oportuno que se conhecesse, não consegue ser conhecido, ou por dificuldades de acesso às fontes ou pela intervenção de um poder superior ou mesmo somente pela insuficiência de nossas capacidades cognitivas.

A imposição do segredo é um ato de escolha, que depende da nossa vontade, boa ou má que seja. O mistério representa um limite da nossa razão e da nossa vontade. É um sinal da nossa impotência. No caso do segredo, queremos saber, mas não devemos. No caso do mistério, queremos, mas não podemos. Pode-se ou não contestar o segredo segundo as exigências e as circunstâncias. Não teria qualquer sentido dizer que se pode contestar ou não o mistério. O mistério simplesmente existe, a despeito da nossa vontade e contra a nossa razão. Podemos nos esforçar para esclarecê-lo. Mas não podemos pedir, como se pode fazer com o segredo, que ele seja oficialmente eliminado.

O segredo é um artifício institucional. O mistério, ao contrário, ao menos enquanto não for

Segredo e mistérios: os poderes invisíveis

dissipado, é um limite ao nosso conhecimento, que somente pode ser batido mediante um trabalho intenso no plano mesmo do conhecimento, no desvelamento daquilo que está oculto. Um evento pode deixar de ser secreto mediante um decreto. Nenhum decreto pode fazer com que algo deixe de ser misterioso. Uma arma secreta é uma arma que se sabe exatamente o que é, mesmo que seu conhecimento esteja reservado a alguns poucos especialistas.

Um objeto misterioso, como por exemplo aquelas esferas ou faixas de fogo que no dizer de alguns cruzam de tempos em tempos o céu, poderia um belo dia ser visto por todos e assim deixar de ser secreto. Nem por isto, porém, seriam conhecidas sua origem e sua natureza, e por isso continuaria a ser misterioso. Houve uma época em que se costumava distinguir os *arcana imperii* (os segredos de Estado) dos *arcana Dei* ou *naturae* (os segredos de Deus ou da natureza). Os primeiros eram segredos no sentido próprio da palavra, pois nasciam de uma decisão arbitrária do soberano que deveria ser mantida rigorosamente oculta do vulgo. Os segundos eram, ao contrário, mistérios, na medida em que eram humanamente impenetráveis.

Segredo e mistério são, portanto, realidades distintas. Mas não se deve dizer que no mundo

Democracia e segredo

das ações não possa existir algum nexo entre um e outro. São distintos, mas não necessariamente separados. O nexo está no seguinte: o segredo pode ser usado para impedir ou obstaculizar a revelação de um mistério. Nossa ignorância é tanto mais densa quanto mais necessária é a liberdade de pesquisa. Sabem disto os cientistas. Sabem-no os historiadores, os juristas e os juízes, para os quais a instituição da liberdade da prova é fundamental para o pleno conhecimento dos fatos. Sabem-no, em suma, todos aqueles cujo trabalho específico consiste na difícil busca da verdade. É inegável que uma das razões pelas quais a verdade é às vezes difícil está precisamente no uso e no abuso do segredo.

Deste nexo entre segredo e mistério sempre existiram muitas provas na Itália, porque, toda vez que se descobre um segredo – como ocorreu com a revelação da existência da *Operação Gladio**–, suspeita-se que ele tenha servido para

---

* *Operação Gladio* foi o nome em código de uma operação promovida pela CIA e pela Organização do Tratado do Atlântico Norte (Otan) para constituir estruturas paramilitares secretas com o objetivo de impedir um eventual ataque das forças da União Soviética e do Pacto de Varsóvia aos países da Europa Ocidental, além de combater o comunismo com formas de guerra psicológica, terrorismo e sabotagem. Durante a Guerra Fria, quase todos os países europeus criaram formações deste tipo, constituindo uma rede anticomunista financiada parcialmente pela CIA. O termo *gladio* (adaga usada pelos gladiadores na Roma antiga) era empregado

Segredo e mistérios: os poderes invisíveis

possibilitar a perpetuação de um mistério. Existiram e existiriam ainda tantos mistérios se não tivessem existido tantos segredos? Caso não houvesse tantos segredos, não se teria podido atender com mais facilidade a exigência "sempre mais forte de clareza", como falou o presidente do Conselho de Ministros, Giulio Andreotti, em discurso no Senado,

> sobre as hipotéticas e até agora não comprovadas ligações entre pessoas que pertencem aos mecanismos de defesa e os trágicos eventos de terrorismo e chacina, sobre os quais a magistratura ainda não conseguiu satisfazer a demanda de justiça feita pelos cidadãos?

---

para se referir especificamente à organização italiana. A existência desta rede clandestina permaneceu em rigoroso segredo durante toda a Guerra Fria, até 1990. Em outubro daquele ano, o chefe do governo italiano, Giulio Andreotti, alegando que, com a queda do Muro de Berlim "não havia mais nenhuma razão para não contar as coisas como elas realmente eram", revelou à Câmara dos Deputados a existência da *Gladio*. Foi então publicada uma relação de 622 "gladiadores", lista considerada incompleta e maquiada. Depois disso, muitas investigações foram feitas sem que se chegasse a conclusões cabais em termos oficiais. Em 2000, um relatório do grupo parlamentar "Democratas de Esquerda" concluiu que a estratégia de tensão que prevaleceu durante os anos 1970-1990 e à qual se vinculou a *Operação Gladio* havia sido apoiada pelos Estados Unidos "para impedir que o PCI, e em certa medida também o PSI, chegasse ao Poder Executivo na Itália". (N. T)

Democracia e segredo

O princípio fundamental do Estado democrático é o princípio da publicidade, ou seja, do poder visível. Deste princípio derivam muitas das regras que diferenciam um Estado democrático de um Estado autocrático. Por uma simples razão: governo democrático é aquele em que os governantes devem exercer o poder sob o controle dos cidadãos. Mas como poderiam os cidadãos controlá-lo se não o veem? Como então se explicaria que na União Soviética a principal exigência que se apresenta no curso da transformação de um regime despótico em um Estado democrático seja a da "transparência"? E como poderíamos elogiar a transparência alheia se continuamos a não condenar com a devida força a nossa própria opacidade?

A principal razão da publicidade está em uma máxima da experiência dificilmente refutável, que também vale para a nossa vida cotidiana: "Nem tudo o que fazes em privado, quando ninguém te vê, serias capaz de fazer em público".

A esfera privada é a esfera dos nossos pecados inconfessáveis (ou confessáveis somente no segredo do confessionário). A esfera pública é aquela em que reluzem ou são hipocritamente ostentadas as nossas pobres virtudes. Protegido pelo segredo, qualquer um pratica atos que não repetiria à luz do sol.

Segredo e mistérios: os poderes invisíveis

Citei com bastante frequência uma frase de Canetti: "O segredo encontra-se no mais recôndito cerne do poder". É preciso acrescentar: "O desvio pertence à essência do segredo". O segredo favorece o desvio. E o desvio exige um novo segredo para não ser descoberto. Deste modo o espaço inicial reservado ao segredo se alarga indefinidamente.

De segredo em segredo, de desvio em desvio, pode ocorrer que uma instituição criada para prevenir ou obstaculizar um improvável golpe de Estado comunista nos tenha feito de fato correr o risco de enfrentar um golpe de Estado de direita. Seria exagerado dizer que chegamos a um ponto limite, a partir do qual somente se vislumbra a derrota da democracia?

La Stampa, 13 de novembro de 1990.

SOBRE O LIVRO

Formato: 12 x 21 cm
Mancha: 19 x 40 paicas
Tipologia: Iowan Old Style 11/17
Papel: Off-white 90 g/m² (miolo)
Cartão Supremo 250 g/m² (capa)
1ª edição: 2015

EQUIPE DE REALIZAÇÃO

Capa
Estúdio Bogari

Edição de texto
Gisele Silva (Copidesque)
Silvio Nardo (Revisão)

Editoração Eletrônica
Sergio Gzeschnik (Diagramação)

Assistência Editorial
Alberto Bononi